SAID

Ein Brief an Simba

Mit Illustrationen
von Gabriele Hafermaas

Verlag Sankt Michaelsbund

Simba war ein kräftiger Löwe mit einer schönen Mähne und einem königlichen Gang. Jahrelang war er im Zoo der Liebling aller Kinder, die ihn durch die Gitterstäbe bewunderten, wenn er einfach auf einem Fleck lag oder nach seiner täglichen Fleischration den Kopf zum Himmel reckte und brüllte.

Doch mit den Jahren wurde Simba alt und
schwach; er wurde sogar ängstlich.

Manchmal warfen Kinder Orangenschalen auf ihn, dann flüchtete er in die Tiefe seines Käfigs und blieb den ganzen Tag dort. Irgendwann fielen ihm auch die Zähne aus, so dass er kein Fleisch mehr fressen konnte; man musste ihm die Flasche geben. Dabei setzte sich Simba vor die Füße seines Pflegers, legte den Kopf auf seinen Schoß und saugte aus der Flasche.

Nach einiger Zeit lernte Simba, mit der Flasche umzugehen; er nahm sie zwischen seine Vorderpfoten und trank. Der Zoodirektor sah das nicht gern. Er schämte sich für den Löwen, der nicht einmal Fleisch fressen konnte. Deshalb wurde Simba in einen kleinen Käfig am Ende des Zoos gebracht. Dort konnten ihn die Besucher nicht mehr sehen.

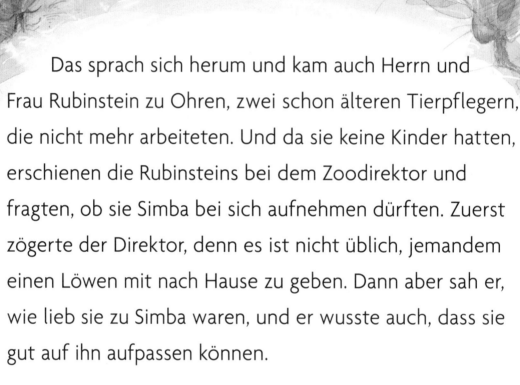

Das sprach sich herum und kam auch Herrn und Frau Rubinstein zu Ohren, zwei schon älteren Tierpflegern, die nicht mehr arbeiteten. Und da sie keine Kinder hatten, erschienen die Rubinsteins bei dem Zoodirektor und fragten, ob sie Simba bei sich aufnehmen dürften. Zuerst zögerte der Direktor, denn es ist nicht üblich, jemandem einen Löwen mit nach Hause zu geben. Dann aber sah er, wie lieb sie zu Simba waren, und er wusste auch, dass sie gut auf ihn aufpassen können.

Die Rubinsteins freuten sich. Schon am nächsten Morgen bauten sie einen Käfig, stellten ihn in ihren kleinen Garten, dann holten sie Simba zu sich nach Hause.

Anfangs kam er sich in dem neuen Käfig fremd
vor. Aber das alte Ehepaar kümmerte sich so
liebevoll um ihn, dass er sich nach einer Weile
bei den Rubinsteins sehr wohl fühlte. Und sie
liebten Simba bald wie ihren eigenen Sohn.
Sogar ein kleines Messingschild brachten sie
an seinem Käfig an.

Darauf stand: Simba Rubinstein.

Die Rubinsteins stellten ihr Leben vollkommen
auf Simba ein. Sie gingen kaum noch aus, weil
sie Angst hatten, ihrem Simba könnte etwas
zustoßen.

Jeden Abend brachten sie ihm die Flasche, dann setzten sie sich in den Garten, tranken Tee und schauten Simba zu.

In diesen Momenten schwiegen sie, sonst aber sprachen sie viel mit Simba und hofften, dass er sie versteht.

Einmal, an einem Sonntagvormittag, ging Herr Rubinstein auf den Jahrmarkt, dort kaufte er Zuckerwatte für Simba. Natürlich wusste er, dass ein Löwe keine Zuckerwatte isst; doch er wollte seinem Simba unbedingt etwas mitbringen. Simba war zuerst misstrauisch, dann aber probierte er ein wenig davon und sie schmeckte ihm sehr gut. Seit diesem Tag rührte Simba nie mehr die Flasche an.

Die Rubinsteins kauften ihm gern Zuckerwatte – ganze Berge sogar.

Jedes Mal, wenn Simba die Zuckerwatte gefressen hatte, brüllte er, so laut er konnte. Mit der Zeit wurden die Nachbarn unruhig. Erst tuschelten sie untereinander und dann beschwerten sie sich bei den Rubinsteins über den „Lärm".

Aber diese kümmerten sich nicht darum, denn sie liebten ihren Simba, fanden sein Brüllen entzückend und verstanden nicht, wie man das „Lärm" nennen konnte.

Eines Tages erschienen zwei Polizisten. Sie schauten sich Simba an, wunderten sich, dass ein richtiger Löwe mitten in der Stadt lebte, stellten ein paar Fragen, verlangten ein amtliches Papier, das die Rubinsteins nicht hatten, schrieben einige Sätze in ihre Notizblöcke und gingen fort.

Einige Wochen später erschienen die Polizisten wieder, dieses Mal mit einem Richter in schwarzer Robe und einem Tierarzt im weißen Kittel. Sie stellten sich vor den Käfig, musterten Simba genau, stellten Fragen an Herrn und Frau Rubinstein, gingen einige Male um den Käfig herum und sprachen über Dinge, die weder Simba noch die Rubinsteins verstanden. Dann schrieben auch sie etwas in ihre Notizbücher und verabschiedeten sich.

Herr und Frau Rubinstein machten sich
Sorgen um Simba. Sie ahnten, dass ihm
Gefahr drohte. Deshalb kümmerten
sie sich noch mehr um den Löwen
und kauften ihm noch mehr
Zuckerwatte. Dann kam ein
amtliches Schreiben. Auf dem
Umschlag stand: An S. Rubinstein.

In dem Brief wurde dem Löwen
S. Rubinstein mitgeteilt, dass es ihm
verboten ist, seinen Käfig mitten

in der Stadt aufzustellen.
Es folgten einige Sätze, die für
die Rubinsteins unverständlich
waren. „Sollte der Löwe Rubinstein binnen
der obengenannten Frist seinen Käfig nicht
verlassen haben, sehen wir uns
gezwungen, ...“ Was da
geschrieben stand, blieb
den Rubinsteins rätselhaft.
Aber sie wussten, dass sie
gerade noch vier Wochen Zeit
hatten, um ihren Simba zu retten.

Zuerst riefen sie den Zoodirektor an, der jedoch meinte, kein Zoo und kein Tierpark würde einen zahnlosen Löwen nehmen, der nur Zuckerwatte frisst und so laut brüllt.

Und die Rubinsteins telefonierten weiter.

„Schickt Simba nach Afrika, wo er herkommt", sagte ein Freund von Herrn Rubinstein, der früher viel gereist war.

„Dort wird Simba Sprachschwierigkeiten bekommen, denn er hat sein Afrikanisch vergessen", meinte Herr Rubinstein.

Auch Frau Rubinstein war dagegen: „In Afrika gibt es bestimmt keine Zuckerwatte, unser Simba wird verhungern."

Und die Rubinsteins telefonierten weiter.

„Setzt Simba in das Stadtwappen", sagte eine
Freundin von Frau Rubinstein, die die Stadt nie verlassen hatte.

„Da muss Simba immer das Gleichgewicht halten,
das kann er in seinem hohen Alter nicht mehr. Er
wird herunterfallen und sich die Knochen brechen",
winkte Herr Rubinstein ab.

Auch sein Frau war dagegen: „Das Wappen hängt so hoch, es ist kalt da oben, er holt sich garantiert eine schlimme Erkältung."

Und die Rubinsteins telefonierten weiter. Die Zeit verging.

Schließlich kam die vorletzte Nacht. Die Rubinsteins konnten kein Auge zutun. Sie sprachen die ganze Zeit über Simba, bis sie eine Idee hatten, wie sie ihn retten konnten.

Im Morgengrauen eilte Herr Rubinstein mit seinem alten Fahrrad aus dem Haus, während Frau Rubinstein ihren Stuhl in den Garten stellte und schläfrig auf ihren Simba aufpasste. Herr Rubinstein radelte aus der Stadt.

Er fuhr zum alten Zauberer, der auf einem Hügel lebte. Als er beim Zauberer ankam, musste er zuerst verschnaufen, danach erzählte er ihm die ganze Geschichte und bat ihn, das alles und noch einige persönliche Worte in der Löwensprache an Simba zu schreiben. Der Zauberer hörte zu, nickte und begann zu schreiben. Als der Brief fertig war, bedankte sich Herr Rubinstein und eilte nach Hause.

Unterwegs kaufte er für sein ganzes Geld Zuckerwatte.

Daheim ging er mit seiner Frau in die Küche. Dort nahmen sie einen alten Leinensack mit Umhängeriemen und steckten die Zuckerwatte hinein. Dann suchten sie eine Kerze, die sie zusammen mit einer großen Zündholzschachtel und mit dem Brief in den Sack legten.

Gerade noch rechtzeitig fiel Frau Rubinstein ein, dass Simba schon sehr alt ist und bestimmt nicht mehr gut sieht. Also legten sie die alte Brille von Herrn Rubinstein auf den Brief, bevor sie den Sack verschlossen. Danach gingen sie hinaus, setzten sich in den Garten, tranken Tee und schauten ihrem Simba zu.

Als es dunkel wurde, holte Herr Rubinstein den
Sack, ging zum Käfig, öffnete die Tür, stellte den
Sack hinein und ließ die Tür angelehnt. Durch die
Geräusche wachte Simba auf. Neugierig schaute
er in den Sack.

Als erstes entdeckte er die Brille, setzte sie auf,
dann zündete er die Kerze an und las den Brief
vom Anfang bis zum Ende. Und da er schon lange
keinen Brief mehr erhalten hatte, las er den letzten
Satz laut, damit er ihn sich besser merken konnte:

„Also, lieber Simba, jetzt kennst Du die ganze Ge-
schichte. Wie Du siehst, sind wir machtlos. Den
Rest musst Du alleine machen. In dem Sack ist für
sieben Tage Zuckerwatte, und die Tür von Deinem
Käfig ist nur angelehnt. Versuch zu entkommen!
Und vergiss nicht, uns zu schreiben! Viel Glück!
Deine Dich liebenden Gitta und Hans."

Simba verstand alles und er bekam Angst.

Erst setzte er sich hin, dann aber dachte er: „Ich muss mich beeilen." Er pustete die Kerze aus, nahm die Brille ab und legte sie mit dem Brief, der Kerze und der Zündholzschachtel in den Sack, verschloss ihn und ging leise zur Tür.

Draußen fand er das alte Fahrrad von Herrn Rubinstein. Er hängte sich den Sack um die Schulter und versuchte auf das Rad zu steigen. Da er aber so alt war, gelang es ihm nicht. Schließlich fand er im Garten einen Bambusstab. Den nahm er in die rechte Hand, stützte sich darauf und half sich so auf das Rad. Nun war Simba soweit.

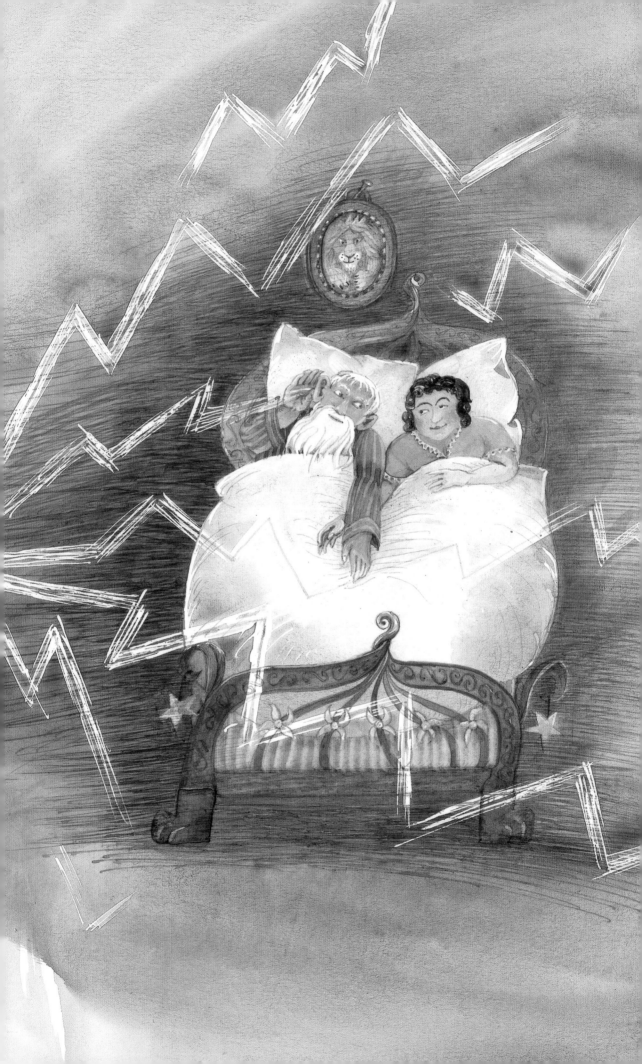

Aber vorher wollte er sich noch von den Rubinsteins verabschieden. Er atmete tief ein und brüllte lauter als jemals zuvor. Die Rubinsteins, die im Bett lagen, hörten ihn und wussten, dass er alles verstanden hatte. Sie freuten sich. Leise wünschten sie ihm viel Glück.

Simba fuhr jetzt los, einhändig. Mit der rechten Hand stieß er alle paar Meter den Bambusstab auf das Pflaster, dadurch hielt er sich im Gleichgewicht. So ging Simba Rubinstein auf eine Reise, von der er nicht wusste, wo sie enden würde.

Er fuhr sieben Tage und sieben Nächte. In dieser Zeit hielt er nur nachts an. Dann setzte er sich unter einen Baum, aß ein wenig Zuckerwatte, ohne zu brüllen, und legte sich kurz hin. Nachdem er sich ausgeruht hatte, fuhr er weiter.

Am Ende des siebten Tages sah er vor sich eine
Stadt. Simba hatte Angst, trotzdem fuhr er in die
Stadt hinein. Denn er hatte keine Zuckerwatte
mehr und verspürte großen Hunger. Als erstes
sah er einen alten Mann, der vor einer Hütte saß
und dem Sonnenuntergang zuschaute.

„Hallo Löwe! Wie geht es denn?"

Simba vergaß seine Angst, stieg vom Fahrrad und
setzte sich zu dem alten Mann.

Eine Weile saßen beide da und schwiegen. Dann erzählte Simba von sich, von den Rubinsteins und von seiner Flucht. Nur einmal unterbrach ihn der alte Mann: „Wie hast du hierher gefunden, Löwe?"

„Mein Name ist Simba Rubinstein", sagte der Löwe, bevor er auf die Frage antwortete: „Ich weiß es nicht. Ich bin geradeaus geradelt, solange ich nur konnte."

„Du bist sicher müde, Simba. Geh in die Hütte, leg dich hin und schlaf!"

Als Simba am anderen Tag aufwachte, war es bereits Mittag. Er ging hinaus und fand den alten Mann wieder vor der Hütte.

„Guten Morgen, Simba", sagte dieser und reichte ihm den Leinensack.

Simba öffnete ihn – er war mit Zuckerwatte gefüllt. Der Löwe setzte sich hin und aß, bis er keinen Hunger mehr hatte, dann verschloss er den Sack und legte ihn beiseite.

„Aber du hast nach dem Essen gar nicht gebrüllt?"

„Ich ... dachte ... die Nachbarn ...", stotterte Simba.

„Nein, hier beklagt sich niemand, wenn ein Löwe
brüllt."
Simba freute sich, sagte aber nichts und brüllte
auch nicht.

„Ich habe etwas für dich, komm mit!"

Da stand Simba Rubinstein auf und folgte
seinem Gastgeber. Sie gingen zum Marktplatz,
an den Marktschreiern vorbei, die laut ihre
Waren anboten, bis zu einem kleinen,
geschlossenen Stand.

„Was wird hier verkauft?", fragte Simba.

„Zuckerwatte", antwortete der alte Mann und
zeigte ihm ein Messingschild.
Darauf stand: Simba Rubinstein.

Dann griff er in seine Westentasche und gab dem Löwen einen kleinen Schlüssel. Simba öffnete den Stand und fand eine Riesenmenge frischer Zuckerwatte. Sofort probierte er etwas davon, sie schmeckte ihm so gut, dass er vor Freude brüllte.

Die Kinder hörten Simbas Brüllen. Sie rannten zum Marktplatz und kauften von ihrem Taschengeld die Zuckerwatte von S. Rubinstein, die so gut war, dass bald auch die Erwachsenen kamen, um sie zu probieren.

Noch heute steht Simba auf dem Marktplatz und verkauft Zuckerwatte.

Er brüllt den ganzen Tag und wenn er Hunger hat,
frisst er eine Löwenportion von der besten Zuckerwatte, die es weit und breit gibt.

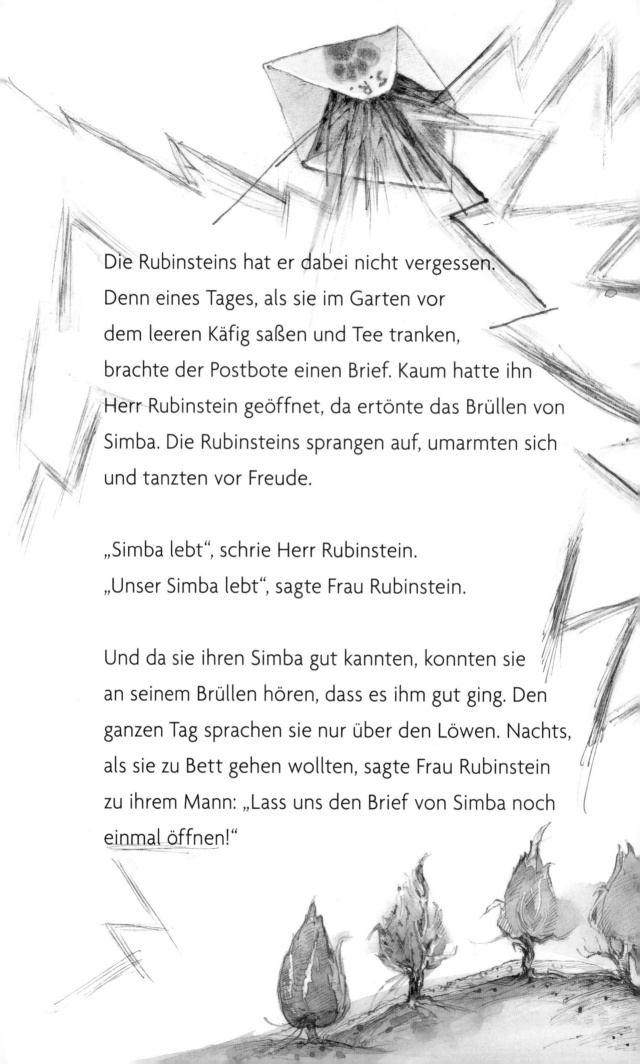

Die Rubinsteins hat er dabei nicht vergessen.
Denn eines Tages, als sie im Garten vor
dem leeren Käfig saßen und Tee tranken,
brachte der Postbote einen Brief. Kaum hatte ihn
Herr Rubinstein geöffnet, da ertönte das Brüllen von
Simba. Die Rubinsteins sprangen auf, umarmten sich
und tanzten vor Freude.

„Simba lebt", schrie Herr Rubinstein.
„Unser Simba lebt", sagte Frau Rubinstein.

Und da sie ihren Simba gut kannten, konnten sie
an seinem Brüllen hören, dass es ihm gut ging. Den
ganzen Tag sprachen sie nur über den Löwen. Nachts,
als sie zu Bett gehen wollten, sagte Frau Rubinstein
zu ihrem Mann: „Lass uns den Brief von Simba noch
einmal öffnen!"

Wieder ertönte das Brüllen. „Simba lebt", flüsterten beide und versteckten den Brief unter dem Kopfkissen. Seither öffnen Herr und Frau Rubinstein jeden Morgen, bevor sie aufstehen, und jede Nacht, bevor sie ins Bett gehen, den Brief von Simba und hören sein Brüllen.

Immer wieder sind Polizisten bei den Rubinsteins
gewesen und haben nach dem Löwen gesucht;

doch sie fanden Simba Rubinstein nie.

für madame faultier

ISBN 978-3-939905-73-8

Erste Auflage

© 2011 by Verlag Sankt Michaelsbund, München

www.st-michaelsbund.de

Printed in Germany. Alle Rechte vorbehalten.

Layout und Satz: Rudolf Kiendl, München

Herstellung: freiburger graphische betriebe GmbH & Co. KG, Freiburg i. Brsg.